La Biblia
ilustrada para niños

Escrito
por
Bethan James

Ilustrado
por
Estelle Corke

Historias del Antiguo Testamento

Historias del Nuevo Testamento

El Antiguo Testamento

La historia
de la creación

En el principio, cuando todo era oscuro, Dios estaba allí.
"¡Quiero que haya luz!", dijo Dios; y un cálido resplandor espantó
la oscuridad. "¡Es bueno!", pensó Dios y llamó a la luz "día" y a la
oscuridad "noche".

"Quiero que haya un cielo sobre las aguas", dijo Dios; y un
hermoso espacio amplio y azul dividió las aguas abajo, del cielo
arriba. "¡Es bueno!", pensó Dios.

"Quiero que las aguas se junten y dejen algunos lugares secos",
dijo Dios. Y llamó a los lugares secos "tierra" y a las aguas "mar". "¡Es
bueno!", pensó Dios. "Ahora quiero que haya árboles y plantas con
semillas para que la tierra se llene cada vez más". Y la tierra se llenó
de una vegetación verde y hermosa, y el aire se llenó de una dulce
fragancia. "¡Es bueno!", pensó Dios.

"Quiero que haya luces en el cielo, que separen
el día de la noche y que muestren las estaciones, los
días, los meses y los años", dijo Dios. El sol ardiente
dio luz durante el día, y una luna increíblemente
luminosa y estrellas brillantes alumbraron el cielo
durante la noche. "¡Es bueno!", pensó Dios.

"Quiero que los mares y el cielo se llenen de seres
vivos", dijo Dios; y el mar se llenó de peces que nadaban, y el cielo se
llenó de aves y mariposas que volaban por todos lados. "¡Es bueno!",
pensó Dios.

"Quiero que la tierra se llene de toda clase de seres vivos", dijo
Dios; y la tierra se llenó de toda clase de animales: los de cuello largo
y los de cola corta, los de suave pelaje y los de duro caparazón, los
de dientes o bigotes largos, los que se arrastran y los que corren,
los que galopan y los que saltan, y los que se balancean entre los
árboles. "¡Es bueno!", pensó Dios. "Ahora, hagamos seres humanos
que cuiden de toda la creación. Serán inteligentes
y creativos, capaces de amar y ser amados".

"¡Ahora, sí, que esto es bueno!".

9

El mundo de Dios era hermoso,
y Él amaba a las personas que había
creado. Adán y Eva vivían en el
huerto del Edén. Ellos tenían todo
lo que necesitaban. Dios les dijo que
podían comer de cualquier árbol,
menos del árbol que estaba en
medio del huerto.

—¿Así que Dios les dijo que no
deben comer del árbol que está en
medio del huerto? —le susurró un
día una serpiente a Eva.

10

Eva vio que la fruta del árbol estaba madura y la probó. Y le dio a probar a Adán. Pero después, cuando Dios los llamó, Adán y Eva se escondieron de Él. Ellos sabían que habían desobedecido a Dios, y tenían vergüenza.

Desde aquel día, la amistad entre Dios y los seres humanos que Él creó no fue la misma. Dejaron de confiar uno en el otro. Y Adán y Eva se tuvieron que ir del huerto del Edén.

Caín y Abel

Después de un tiempo, Adán y Eva tuvieron hijos. Caín trabajaba en el campo, cultivando la tierra. Abel cuidaba un rebaño de cabras y ovejas.

Caín y Abel quisieron agradecer a Dios por la buena cosecha y los animales recién nacidos. Abel le dio a Dios su mejor cordero. Caín le dio a Dios algunos de los frutos que cultivaba. Pero Caín estaba celoso de la ofrenda de su hermano. Entonces se enojó, y empezó a pensar cosas malas de su hermano.

—Ten cuidado, Caín —le advirtió Dios—. Aprende a controlar tu mal carácter.

Pero fue demasiado tarde. Caín ya había planeado la muerte de su hermano. Un día, le pidió a Abel que lo acompañara a dar un paseo por el campo; y, en el camino, Caín mató a su hermano.

—Caín —le preguntó Dios más tarde—, ¿dónde está Abel?

—No lo sé —respondió Caín—. ¿Acaso soy yo el que debe cuidar a mi hermano?

Dios sabía lo que Caín había hecho.

—Hiciste algo terrible —dijo Dios—. Serás castigado por lo que hiciste.

La historia de Noé

Pasaron varios años. Dios vio que las personas que había creado
mentían y hacían trampa. Se robaban unos a otros. Se lastimaban
y se mataban. El mundo que Dios había hecho tan hermoso se
había convertido en un lugar horrible. Dios decidió enviar
lluvia sobre la tierra para limpiarlo todo, y empezar
de nuevo.

Noé no era como todos los demás.
Noé amaba a Dios y escuchaba
cuando Dios le hablaba. Noé era el
único hombre bueno que quedaba.

—Noé —dijo Dios—,

quiero que fabriques un arca. Dentro de poco habrá
una inundación grande y terrible. Sella el arca con
alquitrán para que no le entre agua. Hazla de tres pisos y
construyele varios establos; debe haber espacio para
salvar a tu familia y a dos de cada clase de ser vivo
que he creado.

Dios le dio a Noé las medidas. El arca
debía ser más grande que una cancha
de fútbol y más alta que una casa de
tres pisos.

—Debes hacer una ventana
en la parte de más arriba del
arca, y colocar una puerta en
un costado.

15

Noé confió en Dios. Así que cortó madera y construyó el arca, tal como Dios le dijo que hiciera. Cuando Noé terminó, guardó alimentos para su esposa, sus tres hijos y sus esposas, y todos los animales subieron a bordo del arca de dos en dos.

Después, empezó a llover. La lluvia cayó abundantemente y sin parar durante cuarenta días y cuarenta noches. Los arroyos se convirtieron en ríos, y los ríos se convirtieron en mares. Al poco tiempo, hasta las copas de los árboles desaparecieron. Pero el arca flotaba a salvo sobre las aguas.

Después dejó de llover, y poco a poco las aguas fueron bajando cada vez más, y el sol secó la tierra. Cuando una paloma volvió con una ramita de olivo en su pico, Noé supo que faltaba poco para dejar el arca.

Al final, Dios le dijo a Noé que abriera la puerta. El mundo era totalmente nuevo. Todos podían comenzar de nuevo.

Noé le dio gracias a Dios por salvarlos del diluvio, y Dios puso un hermoso arcoíris en el cielo.

18

—Nunca más volveré a destruir la tierra con una inundación —dijo Dios—. Cada vez que vean un arcoíris, recuerden esta promesa.

19

La historia de Abraham

Los tres hijos de Noé se llamaban Sem, Cam y Jafet. Cientos de años después de la inundación, Dios le habló a Abraham, uno de los descendientes de Sem.

—Tengo grandes planes para ti, Abraham —le dijo Dios—. Te bendeciré y cuidaré. Te llevaré a vivir a una región nueva y te daré una familia grande para que tus descendientes lleguen a ser una gran nación. Confía en mí. Empaca todas tus cosas, y te llevaré a una tierra donde puedas ser feliz.

Abraham confió en Dios. Reunió sus ovejas y su ganado y las tiendas donde vivía, y llevó a su esposa, Sara, a su sobrino, Lot, y a sus criados, a través del desierto caluroso y polvoriento, a una nueva casa en Canaán. Abraham vio que en aquella tierra había pastos verdes y mucha agua, y supo que Dios había cumplido su promesa.

—Esta tierra será de tus hijos y de los hijos de tus hijos —dijo Dios.

Las ovejas de Abraham tuvieron muchos corderitos. Sus cabras tuvieron muchos chivitos. ¡Los burros y camellos

tuvieron burritos y camellitos! Dios bendijo tanto a Abraham, que Lot
tuvo que irse a otra región cerca del río Jordán para que los pastores
tuvieran espacio para cuidar a todos los animales.

Abraham y Sara eran muy felices en Canaán. Pero ya no eran
jóvenes, y Sara no había podido tener un hijo. Abraham confiaba en
Dios, pero se preguntaba cómo haría Dios para darle nietos, si ni
siquiera tenía un hijo.

Un día caluroso, cuando Abraham estaba descansando a la sombra de su tienda, vio que se acercaban tres hombres. Rápidamente, se acercó a saludarlos, y los invitó a quedarse y comer con él. Les ofreció agua para lavarse los pies, y le pidió a Sara que hiciera pan. Después corrió a ordenar a sus criados que prepararan una fiesta para los tres hombres.

Los hombres descansaron y comieron, mientras Abraham se ocupaba de que no les faltara nada.

—¿Dónde está tu esposa, Sara? —le preguntaron.

—Está en la tienda —les respondió Abraham.

—Cuando regrese dentro de un año, tu esposa será madre de un hijo —le dijo uno de los hombres.

El hombre no podía ver a Sara, pero ella lo escuchó y se rió de lo que él había dicho. Ella estaba segura de que ella y Abraham eran demasiado viejos para tener un bebé.

—¿Por qué se ha reído Sara? —dijo el visitante—. Nada es difícil para Dios. Sara tendrá un bebé. Tú tendrás un hijo.

Abraham se dio cuenta de que estos tres visitantes habían llegado con un mensaje de Dios para él; eran ángeles, no eran hombres comunes.

23

Dios cumplió su promesa. Sara descubrió que estaba esperando un hijo. A medida que su barriga crecía, su sonrisa era cada vez más amplia. Era un milagro.

Sara dio luz a un varoncito. Le pusieron por nombre Isaac, que significa "risa".

—¡Dios me hizo muy feliz! —dijo Sara.

Isaac creció y llegó a ser un muchachito que disfrutaba de la compañía de su padre. Abraham lo amaba mucho.

Dios había cumplido todas sus promesas y Abraham había confiado en Él, incluso cuando fue difícil. Había solo una prueba más para Abraham. Era una prueba muy difícil. Dios le pidió a Abraham que le devolviera el hijito que tanto amaba. ¿Amaba Abraham a Dios y confiaba en Él tanto como para hacer eso? Sí, Abraham lo hizo. Llevó a Isaac a una montaña que Dios había elegido.

—Vamos a darle algo muy especial a Dios como ofrenda —le dijo Abraham a su hijo.

—Tenemos la leña para el fuego —dijo Isaac—. Pero ¿dónde está el carnero, papá?

—Dios se encargará de darnos lo que necesitemos cuando lleguemos allí

—le dijo Abraham. Y en el último minuto, cuando Abraham estaba listo para devolverle a Dios el regalo de su hijo tan especial, Dios le habló.

—¡Abraham! No le hagas nada a tu hijo. Has demostrado que amas mucho a Dios —dijo un ángel. Abraham abrazó fuertemente a su hijo. Después, vio un carnero atrapado entre las ramas de un arbusto que estaba cerca. Entonces, le ofreció el carnero a Dios en lugar de su hijo.

—Eres muy especial, Abraham. Me obedeciste a pesar de haberte pedido algo muy difícil —dijo Dios—. Te bendeciré ahora y siempre.

La historia de Isaac

Cuando Isaac creció, Abraham ya era muy anciano y quería que su hijo tuviera una esposa. Abraham esperaba poder conocer a sus nietos antes de morir. Envió a su criado a su tierra para que buscara a una buena joven de su propio pueblo.

"Ayúdame a elegir una mujer buena y cariñosa", oró el criado. "Ayúdame a encontrar una mujer que sea tan buena que me ofrezca agua no solo a mí, sino también a mis camellos".

Cuando el criado se paró junto al pozo, una hermosa muchacha se acercó para sacar agua.

—¿Podrías darme un poco de agua, por favor? —le pidió el criado.

—¡Por supuesto! —respondió ella—. Y déjeme darles agua a sus camellos también, que deben tener sed.

El criado supo que Dios había respondido su oración. Ese día, conoció a la familia de la muchacha. Se enteró de que se llamaba Rebeca y que era nieta del hermano de Abraham. Y su familia se alegró de que Dios hubiera elegido a Rebeca para ser esposa de Isaac. Ella regresó para conocer a su futuro esposo Isaac, y él se enamoró de ella.

La historia de Jacob

Pasó bastante tiempo antes que Isaac y Rebeca tuvieran hijos. Cuando llegó la hora de tener hijos, tuvieron dos a la vez; fueron mellizos, Esaú y Jacob.

Esaú nació primero, y después nació Jacob agarrado del talón de Esaú, como en una pelea para ser el primero. Esaú era fuerte y tenía mucho pelo rojizo. Él creció y llegó a ser un experto cazador, y a Isaac le gustaba pasar tiempo con su hijo mayor.

Jacob era un muchacho tranquilo que prefería pasar tiempo con Rebeca, su madre. A menudo, Esaú volvía de cazar y encontraba a Jacob cocinando.

Un día, Esaú volvió y olió un delicioso aroma a hierbas y especias.

—Dame un poco de ese guiso que estás cocinando —le exigió Esaú— ¡Me muero de hambre!

—Te daré un poco de guiso si me das tus

derechos de hijo mayor —le respondió Jacob. Se trataba de una bendición
especial del padre para el hijo mayor.

—Te doy lo que quieras —respondió Esaú—, ¡con tal de que me des de
comer ahora!

Isaac estaba tan viejo que ya no podía ver.
—Esaú —dijo Isaac—, sé que estoy viejo y
que pronto me iré al cielo con Dios. Ve a cazar

30

y trae algo para hacer una comida especial para mí antes de morir.
Después te daré mi bendición.

Rebeca estaba escuchando, y quería que Jacob tuviera la bendición.
Tan pronto como Esaú se fue a cazar, Rebeca empezó a cocinar
una comida para Isaac. Ella sabía que Isaac no podía ver bien, pero
reconocería a Esaú por su cuerpo cubierto de pelo. Así que le dio a
Jacob la ropa apestosa de Esaú, y lo cubrió con pieles de cabra.

—¿Eres tú, Esaú? —preguntó Isaac, mientras le extendía los brazos
para tocar a su hijo—. Habrás tenido un buen día de caza si la comida
ya está lista.

Isaac comió la comida y bendijo a Jacob en lugar de a Esaú.

—Que Dios te bendiga con riquezas y seas jefe de tu hermano.

Rebeca estaba feliz, porque su plan había dado
resultado; hasta que volvió Esaú. Cuando Esaú
descubrió que él y su padre habían sido engañados,
¡se puso muy furioso! Rebeca convenció a Jacob de
que se fuera a la casa de su hermano, Labán, para
que estuviera a salvo.

Jacob se fue a vivir con su tío, Labán.
Al ver a su prima, Raquel, se enamoró de ella y
le prometió a Labán que trabajaría para él siete años, si
aceptaba que Raquel se casara con él.

Sin embargo, Labán era tan tramposo como él. Cuando llegó el
día del casamiento, Labán se ocupó de que fuera su hija mayor, Lea,
la que se pusiera el velo matrimonial. De esta manera, Jacob fue
engañado y se casó con la hermana mayor de Raquel.

¡Labán no estaba para nada arrepentido! Pero aceptó que Jacob
se casara con sus dos hijas; siempre y cuando trabajara otros siete
años para él… De esta manera, Jacob se casó con dos mujeres, y
cuando llegó el momento de dejar la casa de su tío, tenía muchos
hijos: Rubén, Simeón, Leví, Judá, Dan, Neftalí, Gad, Aser, Isacar,
Zabulón, Dina y José.

Había llegado la hora de que Jacob volviera a su tierra. Pero
Labán quería que se quedara. Mientras Jacob estuvo con él, Dios los
había bendecido a todos. Labán tenía miedo de que la bendición de
Dios se fuera con Jacob.

—Quédate un poco más —le dijo—. Espera hasta tener un
rebaño de animales manchados o moteados, y podrás llevártelos
contigo.

Entonces, el astuto Labán escondió todos los animales
manchados o moteados para que los animales de Jacob no tuvieran
cría con éstos.

En ese momento, Jacob se dio cuenta de que no podía confiar
en Labán. Pero se las ingenió para hacer que sus cabras y ovejas
se reprodujeran de tal manera que, al poco tiempo, cientos de ellas
tenían manchas blancas y negras. ¡Así que Jacob huyó con sus
esposas, sus hijos y su rebaño de animales manchados y moteados!

Dios siguió bendiciendo a Jacob. Le cambió el nombre, y lo llamó
Israel; y a partir de ese momento, sus hijos se llegaron a conocer
como los israelitas.

Jacob volvió a su tierra y se reunió otra vez con su hermano. Esaú
ya lo había perdonado por engañarlo y robarle su derecho de hijo
mayor. Ahora eran amigos otra vez.

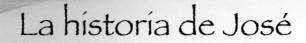

La historia de José

Jacob amaba a todos sus hijos, pero todos sabían que tenía uno favorito.

José se paseaba con una capa especial de muchos colores, que su padre le había regalado, mientras sus hermanos murmuraban a sus espaldas. ¿Por qué su padre amaba más a José que a ellos?

José era un soñador. Y le gustaba contarle a su familia lo que soñaba. Pero todos los sueños de José apuntaban hacia una sola cosa: que un día él sería más importante que todos ellos.

Los hermanos de José empezaron a confabularse en contra de él. Ellos no querían escucharlo más. Un día, llegó la oportunidad. Jacob mandó a José a ver a sus hermanos, que estaban cuidando ovejas lejos de la casa. Cuando vieron que se acercaba, lo agarraron y lo echaron a un pozo vacío.

Enseguida, pasaron por allí unos comerciantes de especias, que se dirigían a Egipto, y los hermanos cambiaron a José por veinte monedas de plata. Mancharon su hermosa capa con sangre de cabra, ¡y dejaron que su padre creyera que José, su hermano menor, había muerto!

José se encontró perdido y confundido; había sido vendido como esclavo en Egipto. Sus hermanos se olvidaron pronto de él… pero Dios no.

Dios bendijo a José. Él trabajó mucho y demostró ser un buen esclavo para su amo, Potifar, que lo trataba bien; y por un tiempo, las cosas no le fueron tan mal… hasta que la esposa de Potifar empezó a fijarse en él. José era joven y atractivo. Y no pasó mucho tiempo hasta que José tuvo que empezar a evitar a la esposa de Potifar. Ella se enojó tanto con él, que le contó mentiras de José a su esposo. Potifar se enfureció y ordenó que encerraran a José en una cárcel de Egipto por varios años.

Igual que antes, Dios bendijo a José. El hombre que estaba a cargo de la cárcel vio que podía confiar en José, y al poco tiempo lo puso a cargo de otros presos.

Entre los presos estaban el panadero y el copero del faraón. Ambos habían ofendido a su amo y fueron a parar a la cárcel. Mientras estaban allí, tuvieron unos sueños raros.

José escuchó los sueños que ellos le contaron. El copero le dijo que había hecho vino de tres ramas de uvas, y el rey lo bebía.

—¡Buenas noticias! —le dijo José—. ¡En tres días te liberarán, y volverás a tu antiguo trabajo!

Después, el panadero le contó que había hecho tres panes para el rey, pero las aves venían y se los comían.

—Lo siento —dijo José—. ¡En tres días, tú también saldrás de aquí, pero te colgarán!

Lo que dijo José se cumplió.

—No me olvides —le dijo al copero cuando salió de la cárcel—. Dile al rey que yo no hice nada malo…

Pero pasó el tiempo y José se dio cuenta de que el copero se había olvidado de él. Pasaron dos años…

Entonces, una noche, el faraón tuvo unos sueños raros.

—Yo conozco a un hombre que podría ayudarlo —le dijo el copero—. Él entiende el significado de los sueños; pero está en la cárcel…

Entonces, el faraón mandó sacar a José de la cárcel. José se bañó y se vistió bien para presentarse delante del faraón y escuchar sus sueños.

—Siete vacas gordas y saludables estaban comiendo pasto a la orilla del río Nilo —dijo el faraón—. Pero vinieron otras siete vacas flacas y feas, ¡y se las comieron! También vi siete espigas doradas llenas de trigo, y vi otras siete espigas sin trigo y secas, ¡que se comieron a las espigas llenas de trigo! ¿Qué significa?

—Dios le está enviando un aviso —le dijo José al faraón—. Habrá siete años de gran cosecha, con abundancia para todos. Pero después habrá siete años de hambre. El significado es claro. Usted necesita buscar a alguien que almacene parte de la cosecha de los años de abundancia, para que nadie se muera de hambre cuando lleguen los años en que no haya qué comer.

El faraón lo pensó sólo un momento. Después puso un anillo en la mano de José y un collar dorado en su cuello. ¡Y lo nombró gobernador de todo Egipto! José se tendría que ocupar de que nadie se muriera de hambre cuando ya no había comida.

Todo sucedió tal cual dijo José. Cuando los habitantes de Egipto empezaron a pasar hambre, fueron a buscar a José, y él hizo abrir los depósitos de trigo y se ocupó de que todos tuvieran suficiente para comer.

El hambre llegó hasta Canaán. Jacob y sus hijos tampoco tenían qué comer.

—Vayan a Egipto donde venden trigo —les dijo a sus hijos—, y traigan alimentos para todos.

Así que los hermanos de José fueron a Egipto, y se inclinaron delante del hombre que tenía el anillo en su mano y el collar de oro en su cuello. José supo rápidamente que ellos eran sus hermanos, y se dio cuenta de que habían cambiado y que estaban arrepentidos por lo que hicieron hacía muchos años. José vio también que sus propios sueños se habían hecho realidad.

José lloró de felicidad al descubrir que su padre seguía vivo. Y les rogó a sus hermanos que trajeran a Jacob y a toda la familia a Egipto para que tuvieran qué comer.

Así, al final, Jacob y todos sus hijos volvieron a reunirse... junto a sus esposas y sus hijos.

Jacob vivió en Egipto hasta muy viejo, y murió allí. José también vivió mucho tiempo en Egipto, hasta que murió. Y ahora había tantos descendientes de Abraham como estrellas en el cielo. Un día, Dios los llevaría a la tierra que le había prometido a Abraham.

41

La historia de Moisés

Habían pasado muchos años desde la muerte de José en Egipto. Los descendientes de Jacob habían llegado a ser miles de personas. Y el nuevo faraón tenía miedo de ellos.

A los descendientes de Jacob, los israelitas, los hicieron esclavos. Día tras día, trabajaban bajo los rayos del sol para el faraón.

Aún así, cada vez crecían más. Así que el faraón ordenó que sus soldados echaran al río Nilo a todos los varones nacidos de las mujeres israelitas.

Cuando nació el hermano de María, su madre lo escondió en una canasta que colocó en el río.

—¡Quédate a vigilar, María! —le dijo su madre. Al rato, María vio a la hija del faraón que llegaba para bañarse.

—¿Qué es eso? —preguntó la princesa cuando vio la canasta—. Tráiganmela.

Apenas vio al pequeño, quiso quedarse con él para criarlo, y lo llevó al palacio.

—Lo llamaré Moisés —dijo ella.

Siendo adulto, Moisés vio que un jefe egipcio golpeaba a un esclavo israelita, y se enfureció. Como vio que nadie estaba mirando, mató al egipcio.

Pero alguien lo había visto. ¡Y Moisés sabía que el faraón no descansaría hasta quitarle la vida! Por eso, Moisés huyó y se escondió en el desierto. Fue a vivir a Madián. Se casó con Séfora, una de las siete hijas del sacerdote, y cuidó de las ovejas de su suegro por cuarenta años.

Durante ese tiempo, los israelitas, que seguían siendo esclavos en Egipto, clamaron a Dios para que los salvara de su sufrimiento. Y Dios escuchó sus oraciones.

Un día, mientras Moisés cuidaba sus ovejas en el desierto, vio algo extraño: un arbusto que estaba en llamas, pero no se quemaba. Se acercó un poco.

—¡Moisés! ¡Moisés!

—¡Aquí estoy! —respondió, mientras miraba a su alrededor.

—Quítate los zapatos, Moisés. Estás pisando tierra santa.

¡La voz salía del arbusto ardiente!

—Escucha: Yo soy Dios, el mismo Dios que prometió cuidar de tus antepasados, Abraham, Isaac y Jacob. Mi pueblo está sufriendo, y yo quiero que regreses a Egipto y le digas al faraón que lo deje libre.

Moisés estaba asustado.

—Pero, ¿por qué me habrían de escuchar? —le preguntó—. ¡No sabría qué decirles!

—Yo te daré las palabras —le respondió Dios—. Y enviaré a tu hermano Aarón contigo para que te ayude.

Así fue como Moisés y Aarón se encontraron frente al gran faraón egipcio.

—El Dios de los israelitas, el Dios del mundo entero, dice: "¡Deja ir a mi pueblo!" —le dijeron.

—¿Quién es este Dios? —contestó gritando—. ¿Por qué debería hacer lo que él dice?

El faraón dependía de sus miles de esclavos israelitas. Él no tenía intención de dejarlos ir; ni siquiera los quiso dejar ir cuando Dios envió plagas sobre la tierra de Egipto.

Aarón golpeó el agua del río Nilo con su vara, y el agua se convirtió en sangre. Después, Moisés y Aarón se presentaron otra vez ante el faraón.

—Así dice Dios: "¡Deja ir a mi pueblo!".

Al principio, el faraón aceptó; él quería que Dios quitara la plaga. Pero tan pronto como el agua se volvió limpia otra vez, faraón cambió de opinión.

Dios envió una plaga de ranas que invadieron las camas y las cocinas. ¡Había ranas por todos lados!

—Así dice Dios: "¡Deja ir a mi pueblo!" —dijeron Moisés y Aarón.

Una vez más el faraón aceptó; y después cambió de opinión. Dios envió en total diez plagas: mosquitos que picaban a todos y moscas que revoloteaban por todos lados; enfermedades sobre todos los animales de los egipcios; llagas dolorosas sobre los egipcios; una tormenta de granizo que destruyó la cosecha; langostas que arrasaron con todo lo que había quedado; una gran oscuridad durante tres días enteros; y, finalmente, la décima plaga fue la muerte de los primeros hijos varones de todos los egipcios. Con la décima, el faraón cambió de opinión.

—¡Váyanse, váyanse, váyanse! —dijo el faraón.

47

Dios había protegido a los israelitas de la última plaga. Él les había avisado que se prepararan para un viaje largo y que antes de partir comieran la cena de la Pascua con cordero asado y hierbas amargas y pan sin levadura. Ellos habían pintado el marco de la puerta de sus casas con la sangre del cordero. Y el ángel de la muerte había pasado de largo.

Ahora estaban siguiendo a Moisés; y Dios los estaba guiando con una columna de nube durante el día y una columna de fuego luminosa durante la noche para que salieran de Egipto y fueran libres de la esclavitud.

Pero tan pronto como los israelitas se fueron, el faraón volvió a cambiar de opinión. Envió un ejército con caballos y carros para traerlos de nuevo. Cuando los israelitas llegaron a la orilla del mar Rojo, se dieron cuenta de que tenían el mar frente a ellos y el ejército egipcio detrás de ellos…

—Extiende tu mano hacia el mar, Moisés —le dijo Dios. Y el mar se dividió para que pudieran cruzar a salvo de un lado al otro. Después que terminaron de cruzar, Moisés extendió su mano de nuevo y las aguas se volvieron a cerrar. Los carros del ejército egipcio, que los habían estado persiguiendo, fueron arrastrados por la corriente.

Los Diez Mandamientos

¡Los israelitas eran libres! Dios era maravilloso, porque los había salvado y ya no tenían que seguir soportando el maltrato de sus amos.

—Confíen en Dios y Él los bendecirá —les dijo Moisés—. Dios nos dará todo lo que necesitemos.

Día tras día marcharon por el desierto. Y al poco tiempo se olvidaron de lo felices que eran de ser libres, porque tenían hambre y sed, y estaban cansados. Dios los llevó hasta un oasis con doce manantiales de agua fresca y palmeras con dulces dátiles para comer. Pero los israelitas se quejaban y lamentaban.

— En Egipto teníamos pepinos y melones —murmuraban—. ¡Además de pescado, cebollas y ajo!

Dios los volvió a bendecir, y les envió codornices para que tuvieran carne para comer cada noche, y dulce maná para comer cada mañana. Dios les dijo que, antes del día de reposo, recogieran suficiente para dos días y así descansarían un día a la semana.

Después de muchos meses en el desierto, llegaron al monte Sinaí donde Moisés se encontró con Dios. Moisés fue subiendo la montaña hasta que, desde abajo, los israelitas ya no podían verlo, pero podían escuchar los truenos y relámpagos y el fuerte sonido de una trompeta.

Moisés se quedó en el monte con Dios por mucho tiempo. Cuando bajó, trajo dos piedras grandes sobre las que estaban escritos los Diez Mandamientos que les ayudarían a vivir unidos y felices.

1. Hay solo un Dios al que deben amar.

2. No se hagan ídolos o adoren a otros dioses.

3. Respeten el nombre de Dios, porque es santo y especial.

4. Guarden el día de reposo como un día especial.

5. Amen y respeten a sus padres.

6. No maten.

7. No sean infieles en el matrimonio.

8. No roben.

9. No mientan.

10. No envidien las cosas de los demás.

Los israelitas hicieron una caja especial de madera recubierta de oro para mantener a salvo las piedras. Tenía dos argollas de oro en cada lado, para que pudieran pasar una vara por cada argolla para trasladarla cada vez que los israelitas debían ir de un lado al otro. Se llamaba el cofre del pacto.

La historia de Josué

Los israelitas podían ver la hermosa tierra que Dios les había prometido. Doce hombres se adelantaron para ver cómo sería vivir allí.

Josué y Caleb volvieron con noticias de agua dulce y uvas jugosas; sería un buen lugar para vivir. Pero los otros diez espías volvieron con malas noticias. ¡Las personas que vivían allí eran fuertes y espantosas!

Moisés murió antes que los israelitas pudieran vivir en la tierra de Canaán. Pero como Josué confiaba en Dios, fue elegido para guiar a los israelitas hasta la nueva tierra.

—No tengas miedo —le dijo Dios—. Debes ser fuerte y valiente. Yo estaré contigo y te ayudaré.

Primero, Josué envió dos espías a Jericó. Pero los descubrieron y tuvieron que escapar por los muros de la ciudad. Ellos le dijeron a Josué que Dios había ido antes que ellos y los había cuidado.

—¡Pensábamos que nos iban a matar! —dijeron—. Pero una mujer, llamada Rahab, nos escondió debajo de unos manojos de lino que tenía en la terraza, y despistó a los hombres del rey. ¡Ella dijo que todos en Jericó sabían acerca de Dios! Todos creían que Dios nos ha dado la tierra, y tienen miedo. Prometimos que seríamos buenos con la familia de Rahab cuando tomemos la ciudad. Ella ha colgado una cuerda roja de su ventana para que sepamos que esa es su casa.

53

El río Jordán se interponía entre el pueblo de Dios y los muros de la ciudad de Jericó. Tan pronto como los sacerdotes que llevaban el cofre que contenía los diez mandamientos entraron al río, el agua dejó de fluir, y todas las personas cruzaron a salvo por el lecho del río.

Ahora los habitantes de la ciudad de Jericó eran lo único que les impedían quedarse a vivir en la tierra de Canaán. Dios le dijo a Josué cómo confundirlos para tomar la ciudad.

Las personas que vivían en Jericó observaban a los israelitas con incredulidad mientras marchaban alrededor de la ciudad cada día. Durante seis días, había siete sacerdotes que tocaban las trompetas mientras marchaban, pero nadie trataba de trepar los muros de la

ciudad. Después, al séptimo día, marcharon alrededor de la ciudad
siete veces. Al final, todos gritaron, ¡y los muros de Jericó se
derrumbaron! Los habitantes salieron corriendo menos Rahab y su
familia.

Josué llevó al pueblo de Dios a Canaán, y finalmente se quedaron
a vivir allí. Él les aconsejó que vivieran como Dios quería.

—Cumplan los diez mandamientos, porque Dios
cumplió lo que les prometió —les dijo Josué—. Así Dios los
bendecirá y cuidará.

La historia de Débora

Los israelitas se olvidaron pronto de las palabras de Josué, y comenzaron a adorar a dioses falsos. Como no escucharon el consejo de Dios, empezaron a sufrir a manos de las personas que los rodeaban.

Débora era una profetisa y una jueza. Ella seguía escuchando a Dios, y la gente iba y le pedía consejo. Un día mandó llamar a Barac.

—Dios quiere que guíes su pueblo en batalla contra Sísara —le dijo ella.

Barac tenía miedo. Sísara era el general de los cananeos, ¡y contaba con miles de hombres y carros!

—¡No puedo! —le dijo Barac a Débora—. ¡A menos que tú vengas conmigo!

—Dios te ayudará, Barac —le dijo Débora—. Pero igual iré contigo. La victoria será de nosotros; pero el pueblo siempre recordará que una mujer ganó la batalla.

Barac guió a los israelitas en batalla junto a Débora. Los cananeos huyeron rápidamente. Hasta Sísara buscó un lugar para esconderse.

—¡Shhh! Ven y escóndete en mi tienda —le susurró Jael.

Sísara se quedó dormido, asustado y muy cansado por la batalla. Y mientras el líder cananeo dormía, una mujer lo derrotó, tal como Débora había dicho.

La historia de Gedeón

Todos los años, los madianitas asaltaban a los israelitas. Venían en camellos y les robaban cabras y ovejas, e incluso la cosecha que crecía en la tierra. Nadie se atrevía a detenerlos. La gente se escondía en cuevas.

58

—¡Gedeón! —dijo la voz de un ángel—. Dios te ha elegido para derrotar a los madianitas.

Gedeón no era un soldado. Él no pensaba que fuera atrevido o valiente.

—¿Estás seguro de que Dios quiere que sea yo? —le preguntó al ángel.

Pero Gedeón pensó en lo que le dijo el ángel. Pensó en lo que Dios quería. Estaba furioso por la manera en la que tenían que vivir y esconderse del enemigo.

—Si realmente quieres que haga esto —le dijo Gedeón a Dios— muéstrame una señal de que me vas a ayudar. ¿Puedes hacer que mi lana esté húmeda por el rocío y que todo el suelo alrededor esté seco?

Cuando Gedeón fue a ver la lana a la mañana siguiente, exprimió la lana ¡y sacó tanta agua que llenó un tazón! Pero el suelo estaba seco.

—Solo necesito estar seguro —volvió a orar Gedeón—. ¿Puedes hacer esta vez que la lana esté seca y que el suelo alrededor esté húmedo?

A la mañana siguiente, cuando Gedeón fue a revisar la lana, el suelo estaba húmedo del rocío, pero la lana estaba seca. Gedeón confiaba ahora en Dios. Creía que Dios le ayudaría a derrotar a su enemigo.

Dios le dijo a Gedeón que reuniera un ejército pequeño de hombres valientes. No iban a pelear con gran fuerza, sino con tácticas inteligentes. Cada hombre tenía una trompeta y un cántaro que contenía una antorcha encendida. Cuando los madianitas estaban durmiendo, los hombres de Gedeón avanzaron sobre ellos y, al oír la señal, tocaron la trompeta, rompieron los cántaros y gritaron.

Los madianitas se despertaron con tanto ruido, luz y confusión, que se mataron unos a otros mientras salían corriendo y se escapaban. ¡Los hombres de Gedeón ganaron la batalla! Los israelitas eran libres. Gedeón había confiado en Dios, y Dios había cumplido su promesa.

La historia de Sansón

Desde niño, Sansón había sido especial; y el plan de Dios era que él protegiera a los israelitas de los filisteos.

Una vez, un cachorro de león atacó a Sansón, y él se lanzó sobre el animal y lo mató con sus propias manos. En otra ocasión, usó la quijada de un burro muerto para matar a mil filisteos sin la ayuda de nadie.

Los filisteos lo odiaban. Pero debido a su enorme fuerza, no podían hacer nada para detenerlo. Luego descubrieron que, aunque Dios lo había hecho fuerte, tenía una debilidad. Sansón se había enamorado de una mujer llamada Dalila.

—Averigua el secreto de la fuerza de Sansón —le dijeron a Dalila. Y la promesa de una recompensa tentó a Dalila.

—¿Por qué eres tan fuerte, Sansón? Si me amas, dime cuál es tu secreto —le preguntó ella.

—Si me ataran con siete cuerdas nuevas, sería débil como cualquier hombre —le dijo en broma. Pero cuando ella intentó atarlo, Sansón rompió las cuerdas con total facilidad.

—Demuéstrame que me amas —siguió insistiendo Dalila—. Dime cuál es tu secreto.

—Si me ataran con sogas nuevas, sería un hombre débil —respondió Sansón.

Dalila trató de atarlo, pero Sansón rompió las sogas como si fueran telarañas.

Dalila siguió fastidiando a Sansón todos los días, hasta que él no pudo soportar más.

—Nunca me corté el pelo —le dijo—. Si me cortaran el pelo, perdería la fuerza.

Cuando Sansón se durmió, los filisteos le cortaron el pelo. Después lo atraparon, lo dejaron ciego y lo pusieron en la cárcel. Esta vez, Sansón había perdido la fuerza.

Los filisteos le obligaron a Sansón a trabajar para ellos, y se burlaban de él. Sansón le pidió a Dios que le devolviera su fuerza para que pudiera destruirlos completamente.

Un día, lo llevaron a una fiesta donde tres mil filisteos lo observaban y se reían de él porque se tropezaba por su ceguera. Sansón empujó las columnas del templo con sus manos. Dios respondió su oración. Las columnas cayeron, y el edificio se derrumbó. Sansón murió, pero mató a más enemigos de los que había matado en toda su vida.

La historia de Samuel

Ana oraba todos los días por un bebé. Ella había estado casada por muchos años, pero no había podido tener un hijo. Un día, le prometió a Dios que si le daba un hijo, se lo entregaría para que trabajara en el templo y sirviera a Dios por el resto de su vida.

Cuando Ana se dio cuenta de que estaba embarazada se puso muy contenta. Y cuando el pequeño Samuel nació, aunque ella lo amaba más de lo que había imaginado, recordó la promesa que le había hecho a Dios. Cuando Samuel creció y ya podía comer solo, ella lo llevó a vivir al templo con Elí, donde aprendió a ser un sacerdote.

Una noche, poco antes de que se apagaran las lámparas del santuario, Samuel se despertó al escuchar una voz que lo llamaba. Fue hasta donde dormía Elí, y le dijo:

—Aquí estoy! ¿Me llamaste?

—Yo no te llamé, Samuel —le respondió Elí.

Samuel acababa de acostarse cuando volvió a escuchar la misma voz que lo llamaba.

—¡Aquí estoy! —le dijo nuevamente a Elí.

Elí no lo había llamado, así que lo mandó de nuevo a dormir. Pero cuando sucedió la tercera vez, Elí entendió lo que estaba pasando.

—La voz que escuchas es de Dios, Samuel. Cuando Él te llame, escúchalo —le dijo Elí.

Samuel escuchó cuando Dios le habló, y aprendió a escucharlo cada vez que le hablaba. Samuel creció hasta convertirse en un hombre adulto y sabio, y los israelitas sabían que Dios les hablaba a través de él.

La historia de Saúl

"¡Queremos un rey!" —le decían los israelitas a Samuel.

Samuel había guiado a su pueblo por mucho tiempo, pero tenían miedo de lo que podría pasar si se moría.

—¡Dios es su Rey! Dios cuidará de ustedes —les decía Samuel.

—Queremos ser como las otras naciones. Queremos un rey que podamos ver con nuestros ojos.

Samuel no estaba contento. Pero Dios le dijo que les diera lo que pedían, para que aprendieran lo que significaba tener un rey.

Dios le dijo a Samuel que Saúl sería el primer rey de Israel. Samuel encontraría a Saúl cuando saliera a buscar a unas burras de su padre, que se habían perdido.

Cuando Samuel vio a un hombre alto y de buen parecer que se acercaba a él, le dijo que sabía dónde podía encontrar a las burras. Saúl se sorprendió de que Samuel supiera que estaba buscando a las burras. ¡Y se sorprendió incluso más cuando Samuel le dijo que Dios quería ungirlo como rey de Israel!

Cuando Samuel reunió a todo el pueblo para presentarle a su nuevo rey, no podía encontrar a Saúl. ¡Estaba tan nervioso, que se había escondido entre el equipaje! Pero tan pronto como los israelitas lo vieron, se alegraron.

—¡Viva el rey! —gritaron.

Dios ayudó a Saúl a ser un buen rey, y al principio fue muy querido. Pero después de un tiempo, decidió que podía hacer las cosas solo sin la ayuda de Dios. Samuel le advirtió que si dejaba de depender de Dios las cosas le saldrían mal. Pero Saúl decidió hacer las cosas a su manera y no escuchar más a Dios.

La historia de David

Dios quería que un hombre bueno fuera el rey y gobernara a su pueblo. Envió a Samuel a Belén para buscar a un hombre llamado Isaí. Uno de sus hijos sería el rey después de Saúl.

Isaí le presentó su hijo mayor a Samuel.

—Este debe ser el rey que Dios eligió —pensó Samuel, mientras contemplaba al hombre alto y fuerte que tenía enfrente.

Después Samuel escuchó la voz de Dios. "No te fijes en su apariencia, Samuel. Lo que más me importa es que sea bueno y justo, que tome decisiones sabias y que tenga compasión de las personas que no son tan poderosas como él. Yo me fijo en el corazón".

Isaí trajo a siete de sus hijos para presentárselos a Samuel, pero aunque todos eran fuertes y de buen parecer, Dios no eligió a ninguno de ellos como rey.

—¿Son estos todos tus hijos? —preguntó Samuel.

—Bueno —respondió Isaí—, tengo uno más, el menor; pero está cuidando mis ovejas.

Isaí mandó a alguien a buscar a David, su octavo hijo.

—Es éste —dijo Dios—. David será el próximo rey de Israel.

Samuel ungió a David con aceite, como una señal de que un día sería rey. Pero por ahora, era un secreto.

David iba al palacio del rey Saúl para tocar el arpa. Saúl no podía dormir, y estaba de mal humor todo el tiempo. Pensaban que la música lo tranquilizaría.

"Dios es mi pastor —cantaba David—. Él me da todo lo que necesito. No tengo miedo de nada, ni siquiera de la muerte, porque Dios siempre estará a mi lado y cuidará de mí".

Los filisteos seguían siendo enemigos de los israelitas. Siempre los provocaban y los retaban a demostrar que eran más fuertes que ellos. Pero los filisteos eran hombres altos y fuertes. Tenían armas de metal afiladas y una gran armadura que los protegía.

Un día, David vio a un hombre gigante, que se llamaba Goliat y provocaba a los soldados israelitas.

—¿Por qué no pelean? —les gritaba Goliat—. Envíen a un hombre que se enfrente a mí. Si él gana, nosotros seremos sus esclavos. ¡Si no, ustedes serán nuestros esclavos!

Los israelitas tenían mucho miedo. El rey Saúl estaba muy asustado. Nadie quería ir a pelear contra el gigante. Pero David

aceptó el reto. No quiso usar la armadura ni la espada de Saúl. David fue a enfrentarse a Goliat tal cual era, tan solo con su honda y cinco piedras que sacó del río. Cuando Goliat lo vio, se rió a carcajadas.

—Tú puedes tener una espada, flechas y

lanzas —gritó David—, ¡pero yo tengo al Dios de Israel que me ayuda!

David disparó una piedra con su honda, que hirió a Goliat en la frente. Goliat dejó de reírse. ¡Se desplomó en el suelo, y todos los filisteos escaparon!

Los israelitas amaban a David por su valentía, pero el rey Saúl se puso muy celoso. Años más tarde, cuando Saúl murió, la gente pedía que David fuera su rey. David reemplazó a Saúl como rey de Israel y, por un tiempo, volvió a haber paz en la tierra.

La historia de Salomón

Salomón fue rey después de su padre, David. Una noche, Dios le habló en un sueño.

—Pídeme lo que quieras, Salomón —le dijo Dios—, y te lo daré.

—Ya me has dado mucho Señor —le respondió Salomón—. Pero te pido que me des sabiduría para que pueda saber lo que está bien, y ser un buen rey.

A Dios le gustó que Salomón pidiera solo eso y no fuera ambicioso. Así que Dios le dio sabiduría, y riquezas también. Además, le prometió una larga vida si guardaba sus mandamientos.

Un día, Salomón tuvo que ser juez entre dos mujeres. Las dos habían dado a luz un hijo varón, pero uno había muerto.

—¡El niño que vive es mi hijo! —dijo una.

—¡No, es mío! —dijo la otra.

¡Salomón ordenó que un soldado cortara al niño por la mitad!

—¡No! ¡Por favor, denle el niño a ella! —dijo una de las madres—. ¡No le hagan daño!

Salomón le dio el niño a esta mujer. Él sabía que la madre del niño preferiría renunciar a su hijo antes que permitir que lo lastimasen. Fue la decisión de un rey sabio.

Salomón decidió edificar un templo en Jerusalén para que pudieran adorar a Dios allí. Siete años después, se convirtió en el edificio más hermoso de toda la región, hecho con paredes de piedra, revestidas de madera y cubiertas de oro. Hasta la reina de Sabá fue a Israel a ver a Salomón y todo lo que él había hecho. Todos veían que Dios lo había bendecido.

La historia de Elías

Hubo muchos reyes después que Salomón murió. El rey Acab no era como Salomón o como su padre, David. Sino que se casó con Jezabel y edificó un templo para el dios falso que ella adoraba. Después, Acab desobedeció varios de los diez mandamientos que Dios había dado.

Dios envió a Elías con un mensaje para Acab.

—Tú sabes que Dios es el único Dios vivo y verdadero —le dijo Elías—. ¿Por qué adoras a dioses de madera y piedra que no tienen poder para ayudarte? Si no obedeces los mandamientos de Dios, dejará de llover sobre la tierra.

El rey Acab se enojó tanto que Elías se asustó y escapó. Dios le ayudó a encontrar un lugar donde hubiera agua pura para beber y donde, cada mañana y cada tarde, los cuervos le llevaran pan y carne a Elías.

Cuando el arroyo se secó, Dios envió a Elías a ver a una viuda de un pueblo cercano.

—¿Me darías algo para comer? —le pidió Elías.

—Casi no me queda nada para mí y mi hijo —le respondió—. Pero igualmente voy a compartir contigo lo que tengo antes de morir.

La viuda usó lo último que le quedaba de harina y aceite para hacer pan; pero cuando volvió para verlos, ¡había suficiente harina y aceite para hacer más pan! Dios cuidó de Elías, de la viuda y de su hijo, hasta que volvió a enviar lluvia.

Elías volvió a ver al rey Acab y a los israelitas después de tres años de sequía. Se reunieron en el monte Carmelo.

—Es hora de decidir —dijo Elías—. Si el Señor es Dios, obedézcanlo y síganlo. Pero si descubren que el dios falso adorado por Jezabel es real, síganlo a él.

Elías y los profetas del dios falso prepararon dos altares para ofrecer un sacrificio. Primero los profetas le pidieron a su dios que enviara fuego. Clamaron a gran voz a su dios y danzaron para él, pero no envió el fuego. Después Elías mojó su altar con agua para que no pudiera prenderse fuego fácilmente, y oró.

—Señor, muéstrales que solo tú eres Dios.

¡Y bajó fuego del cielo y el sacrificio se quemó! Así que el pueblo decidió seguir a Dios. Y todos se arrodillaron y adoraron al Dios vivo y verdadero.

Dios envió una nube pequeña y después grandes nubes de lluvia. La sequía se terminó, y volvió a haber lluvia sobre la tierra.

Elías llegó a ser muy anciano. Pero no murió. Un día, Dios se llevó a Elías al cielo en un remolino, con una carroza de fuego. Su misión en la tierra había terminado.

La historia de Jonás

Dios vio que los asirios estaban haciendo cosas muy
malas. Le dijo a Jonás que eso no podía seguir así; que él
debía ir y advertirles que dejaran de hacer esas cosas.

   Jonás encontró un barco que estaba a punto de partir.
Pagó su pasaje y se embarcó contento de irse lo más lejos
posible. Jonás no quería encontrarse con los malvados

asirios para darles un mensaje de Dios. Así que bajó hasta la bodega del barco y se acomodó para dormir. Pero se había olvidado de algo. Jonás olvidó que no se podía esconder de Dios.

Mientras Jonás dormía, se desató una tormenta con grandes olas que azotaban fuertemente el barco. Los marineros gritaban, y pedían que todos oraran y clamaran por ayuda.

Pero Jonás sabía cuál era la solución.

—Lo que está pasando es culpa mía, por no obedecer a Dios. Échenme al mar y sálvense.

De esta manera, Jonás cayó al mar frío y oscuro, y después vino un pez grande y se lo tragó. Jonás estuvo en la barriga de ese pez durante tres días y tres noches, y allí le dijo a Dios que estaba arrepentido.

—Tú me salvaste la vida, Señor. Solo tú tienes poder para salvar.

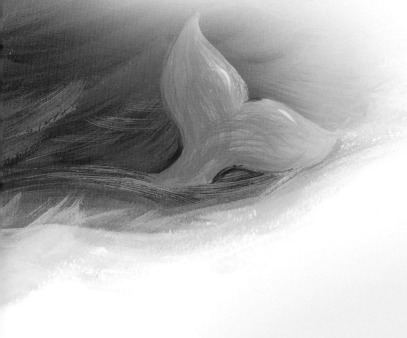

El pez grande escupió a Jonás en la orilla del mar; esta vez, fue a Nínive y le dio al pueblo el mensaje de parte de Dios.

Los asirios escucharon y reconocieron que habían sido crueles. Reconocieron que Dios tenía razón de estar enojado con ellos. Se arrepintieron y le pidieron perdón a Dios. Y le prometieron que abandonarían su mala conducta.

Dios estaba feliz porque los asirios habían escuchado la advertencia y estaban dispuestos a cambiar. Así que Dios los perdonó. Pero a Jonás no le parecía bien. ¡Jonás pensaba que las personas malvadas merecían morir!

—Trata de comprender —le dijo Dios a Jonás—. Yo soy el que creó a estas personas y las amo.

La caída de Jerusalén

Dios prometió que cuidaría de los israelitas, siempre que ellos lo escucharan y vivieran en paz y unidad. Pero los israelitas no siempre escuchaban a Dios. A veces eran crueles unos con otros. A menudo eran injustos con el pobre, o malvados con los extranjeros.

Dios eligió a Jeremías para que hablara con el rey Sedequías, que vivía en Jerusalén.

—Escuche y obedezca a Dios —decía Jeremías—. Dios le está advirtiendo lo que pasará si no lo escucha. Dentro de poco los babilonios vendrán y destruirán esta ciudad. Derribarán el templo y matarán a los habitantes o los llevarán presos.

El rey Sedequías se negó a escuchar.

—¡Deténganlo, no permitan que se acerque a mí!

¡Sedequías creía que si no escuchaba el mensaje de Dios, no se haría realidad! Así que echaron al pobre Jeremías a un pozo.

Al final llegaron los babilonios. Destruyeron los muros de Jerusalén y saquearon el hermoso templo que Salomón había edificado. Capturaron al rey y mataron a sus hijos. Después lo dejaron ciego y se lo llevaron atado con cadenas junto al resto del pueblo.

Jeremías quedó libre. Le permitieron permanecer con aquellos que se quedaron para cultivar la tierra. Y Jeremías cuidó de ellos.

Daniel, Sadrac, Mesac y Abed-nego estaban entre aquellos que fueron llevados a Babilonia para trabajar para el rey Nabucodonosor.

El rey Nabucodonosor era un hombre poderoso. Se creía un dios. Así que hizo edificar una estatua de oro gigante con su imagen. Era tan alta, que podía verse desde muy lejos. Luego dio la orden de que todos los habitantes de la nación tenían que arrodillarse y adorar la estatua de oro cuando escucharan el sonido de la música. Cualquiera que desobedeciera la orden sería echado a un horno de fuego ardiente.

Tan pronto como escuchaban el sonido de las trompetas y bocinas, liras y arpas, cítaras y flautas, todos se arrodillaban y adoraban la estatua de oro; todos, menos Sadrac, Mesac y Abed-nego. Los tres israelitas amaban a Dios, y dijeron que solo a Él adorarían.

Cuando el rey Nabucodonosor oyó que los tres hombres se negaban a obedecer su orden, los mandó llamar. El rey estaba furioso.

—¿Es verdad? —les reclamó— ¿Se niegan a adorar la estatua de oro que yo mandé hacer? Les daré una oportunidad más. ¡Si esta vez no me obedecen, los echaré al horno de fuego! ¡Veremos quién los salva entonces!

Sadrac, Mesac y Abed-nego estaban bastante tranquilos y respondieron de buena manera.

—Nabucodonosor —dijeron ellos— si quieres echarnos al fuego, hazlo. Nuestro Dios puede salvarnos de la muerte. Pero aunque

decida dejarnos morir, nosotros no adoraremos a ningún otro dios que no sea Él.

Nabucodonosor no pudo contener su ira. Mandó recalentar el horno mucho más que de costumbre, y ataron a los hombres y los echaron en él. Estaba tan caliente que hasta los soldados que estaban cerca murieron quemados.

Pero desde afuera del horno el rey veía cuatro hombres que caminaban por el horno sin que les pasara nada. De repente, tuvo miedo y los llamó para que salieran de allí. El fuego no les había quemado la ropa ni el pelo, y ni siquiera tenían olor a quemado.

—Alabado sea el Dios de Sadrac, Mesac y Abed-nego —dijo el rey, asombrado—. Él envió su ángel para salvarlos, porque confiaron en Él y no adoraron a ningún otro dios.

La historia de Daniel

Algunos años después de la muerte de Nabucodonosor, Darío se convirtió en rey.

Darío apreciaba a Daniel, otro de los que venían de Jerusalén, y respetaba su sabiduría y su duro trabajo. Al poco tiempo, Daniel estaba ayudando al rey a gobernar el reino.

Los otros hombres del palacio murmuraban a espaldas de Daniel. "Si solo encontráramos la manera de sacarlo de en medio...".

Al final, pensaron en una trampa para hacer caer a Daniel. Le dijeron al rey que él era sabio y maravilloso; que era grande y poderoso. Que sin duda, las personas deberían adorarle. Le sugirieron al rey que pusiera una ley de que cualquiera que no adorara al rey fuera echado al foso de los leones.

El rey Darío estuvo de acuerdo. Aquel día, Daniel volvió a su casa e hizo lo que hacía todos los días. Se sentó frente a su ventana y oró; no al rey, sino a Dios. El plan de los hombres del palacio había dado resultado.

Darío no pudo cambiar la ley para Daniel. Y se puso muy triste cuando llevaron a Daniel al foso de los leones.

Pero al día siguiente, ¡Darío descubrió que Dios había salvado a Daniel!

—¡Todavía sigo con vida! —le dijo Daniel al rey a gran voz—. Dios envió a su ángel y cerró la boca de los leones.

El rey Darío hizo sacar a Daniel del foso y puso otra nueva ley, que todos respetaran al Dios de Daniel, porque solo Él tiene poder para salvar.

La historia de Nehemías

Nehemías era también un exiliado en Babilonia. Era el copero del nuevo rey Artajerjes. Un día, el rey vio que Nehemías estaba muy triste y le preguntó por qué.

—La ciudad donde están las tumbas de mi familia está en ruinas —le dijo Nehemías.

—¿Qué quieres hacer? —le preguntó el rey.

Nehemías oró a Dios y después le respondió:

—Quiero regresar y reedificar sus muros y sus puertas.

Dios respondió las oraciones de Nehemías. El rey le dijo a Nehemías que fuera, y le dio unas cartas de permiso para que no lo detuvieran en el viaje. También le dio instrucciones a su guardabosques para que le diera madera para la reconstrucción de su ciudad.

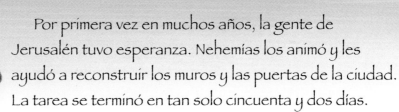

Por primera vez en muchos años, la gente de
Jerusalén tuvo esperanza. Nehemías los animó y les
ayudó a reconstruir los muros y las puertas de la ciudad.
La tarea se terminó en tan solo cincuenta y dos días.

El sacerdote Esdras leyó los mandamientos de Dios
al pueblo cuando todos volvieron a la ciudad. Y todos
lloraron cuando se dieron cuenta de que habían pecado
contra Dios, y le dieron gracias por su amor por ellos.

Dios prometió enviarles a alguien que los ayudaría y
los salvaría; alguien que les mostraría cuán grande era su
amor por ellos.

El Nuevo Testamento

La historia de la Navidad

Israel, donde vivía el pueblo de Dios, era ahora una pequeña parte del Imperio Romano. El emperador había dado la orden de que todas las personas debían volver al pueblo de donde era su familia, para que pudieran ser contados en un censo.

Entre los que tuvieron que hacer el viaje desde Nazaret a Belén había un carpintero llamado José y su esposa María. José estaba

ansioso. Él sabía que María pronto daría a luz a su primer hijo, y quería encontrar un lugar donde pasar la noche.

No había lugar para ellos en ninguna posada, así que José encontró un establo donde pasar la noche. Mientras María descansaba, pensaba, como lo había hecho muchas veces antes, acerca del ángel que le había dicho que su hijo no sería un niño común y corriente, sino el mismo hijo de Dios.

El establo era un lugar tranquilo, aparte de los ronquidos de los animales que dormían. Hasta que en un momento, María dio a luz a su hijo, y el sonido del llanto de un bebé recién nacido llenó la atmósfera del lugar. Ella envolvió al bebé en pañales y lo acostó en un pesebre.

—Jesús —suspiraba mientras besaba su tierna cabecita.

Un poco más tarde, aquella noche, María y José se sobresaltaron al escuchar un sonido que venía de afuera. Unos hombres habían llegado corriendo y estaban agolpados en la puerta para ver al niñito. Mientras cuidaban de sus ovejas, unos ángeles habían aparecido en el cielo con la noticia de que aquella noche había nacido en la ciudad de Belén el niñito Jesús, que ahora dormía en un pesebre.

—¿Es éste Jesús? —preguntaron—. ¿Es éste el Salvador que Dios prometió?

Se quedaron un rato contemplando al niñito especial, y cuando se fueron les dieron a todos la buena noticia de que Jesús había nacido.

93

Hombres sabios, que vivían lejos, en Oriente, vieron aparecer una estrella nueva en el cielo en la época en que Jesús nació en Belén.

—¡Miren! —dijo uno—. Es una señal. Ha nacido un nuevo rey, el niño será rey del pueblo judío.

—Vayamos a verlo y a llevarle regalos —dijo otro.

Así que, con regalos preciosos de oro, incienso y mirra, los sabios comenzaron su viaje siguiendo la estrella.

Cuando llegaron a Jerusalén, fueron a ver al rey Herodes. ¿Dónde podía estar un niño que sería rey, sino en un palacio?

—¿Dónde está el bebé que nació para ser el rey de los judíos? —le preguntaron—. Hemos venido a adorarlo.

—¿Un niño rey? —pensó el rey Herodes—. ¡No hay lugar para otro rey aquí!

Así que fue a consultar a sus propios sabios acerca del lugar donde nacería un rey según las profecías. Después mandó llamar a sus visitantes y les dijo:

—Vayan a Belén y cuando encuentren a este niño rey, vuelvan y díganme dónde está para que yo también pueda ir a adorarlo.

Los hombres sabios se marcharon del palacio y empezaron a seguir la estrella que los guiaba en dirección a Belén. Cuando encontraron a Jesús con su madre, María, se arrodillaron y lo adoraron. Después le dieron los regalos que le habían

llevado: oro, incienso y mirra. María pensaba y meditaba en su corazón sobre todo lo que estaba pasando.

Los hombres sabios regresaron a su tierra sin volver a pasar por Jerusalén. Dios les había advertido en sueños que no volvieran a ver al rey Herodes.

Juan el Bautista

Juan vivía en el desierto. Dios lo había elegido para ser un profeta que preparara el camino para Jesús, que ahora era un hombre que vivía en Galilea.

—Amen a Dios y cumplan sus mandamientos —les decía Juan a las personas—. Demuestren que aman a Dios al compartir los alimentos con los que tienen hambre y darle la ropa que no usan al que no tiene qué ponerse. Dejen de mentir. Sean justos y sinceros, y digan la verdad.

Las personas iban a escuchar a Juan. Muchos se arrepentían de las cosas malas que habían hecho. Le pedían perdón a Dios, y le pedían a Juan que los bautizara en el río Jordán.

—Yo los bautizo con agua para mostrarles que Dios quiere limpiarlos de sus pecados —les decía Juan—. Pero dentro de poco tiempo vendrá alguien más poderoso que yo, que los bautizará con el Espíritu Santo.

Un día, Jesús fue al río Jordán.

—Yo no puedo bautizarte —le dijo Juan—. ¡Tú no has hecho nada malo! ¡Tú deberías bautizarme a mí!

Pero Jesús sabía que esto era lo que Dios quería. Cuando Jesús salió del agua, todos los que estaban allí escucharon la voz de Dios que dijo: "Este es mi hijo amado".

Jesús y sus
discípulos

Era muy temprano. Simón Pedro y Andrés estaban pescando en el lago de Galilea. Jesús observó a los hermanos por un tiempo antes de llamarlos.

—Echen las redes en aguas más profundas —les dijo Jesús.

Pero Pedro se encogió de hombros, y le respondió:

—No hemos pescado nada en toda la noche; pero vamos a hacer la prueba.

De repente, las redes se llenaron de tantos peces plateados y brillantes, que tuvieron que llamar a Jacobo y Juan, que estaban en una barca vecina, para que los ayudaran.

—Síganme —les dijo Jesús—, y haré que sean pescadores, pero no de peces, sino de hombres y mujeres para Dios.

Los cuatro pescadores no lo pensaron dos veces. Dejaron sus redes y se hicieron amigos de Jesús.

Jesús eligió a doce hombres para que fueran amigos y colaboradores de Él, para que aprendieran de él y viajaran con él mientras enseñaba y sanaba a la gente. Simón Pedro y Andrés; Jacobo y Juan, hijos de Zebedeo; Felipe y Bartolomé; Tomás y Mateo, el cobrador de impuestos; Jacobo, el hijo de Alfeo, y Tadeo; Simón, el Zelote y Judas Iscariote.

Jesús enseña en una montaña

Jesús recorría las ciudades con sus amigos, que eran conocidos como sus discípulos. Pero también lo seguían muchas otras personas, que querían escuchar lo que Jesús decía acerca de Dios. Y además querían que los sanara de sus enfermedades.

Un día, Jesús subió a una montaña y se sentó para enseñarles.

—Dios los bendecirá, si reconocen que necesitan su ayuda. Dios los consolará, cuando estén tristes. Dios cumplirá el anhelo de su corazón, si anhelan cosas buenas, y será compasivo con ustedes si ustedes son compasivos con los demás. Amen y perdonen a cualquiera que los lastime. Traten a los demás como ustedes quisieran ser tratados —decía Jesús—. Pero Dios también quiere que amen a sus enemigos y oren por ellos; de lo contrario, los hijos de Dios serían iguales que los demás.

—Cuando oren, busquen un lugar donde puedan estar solos y hablar con Dios como a un padre amoroso —decía Jesús—. No

traten de impresionar a los demás. Cuando oren, háganlo en secreto,
entre ustedes y Dios. Díganle que lo aman. Si están preocupados o
tienen miedo, cuéntenselo a Dios. Los pajaritos no se preocupan por
la comida. Las flores no se preocupan por su vestido. Dios alimenta a
los pajaritos y viste bellamente a las flores. Confíen en Dios. Él sabe
qué cosas necesitan, y los ayudará.

El agujero en el techo

Otro día, Jesús estaba en la casa de alguien en Capernaum.
¡Eran tantos los que habían ido a verlo, que ya no cabía nadie más en
la casa!

De pronto, llegaron cuatro hombres, que llevaban en una camilla a su amigo que no podía caminar, con la esperanza de que Jesús lo sanara. ¿Cómo harían para entrar a la casa? Los hombres subieron cuidadosamente a su amigo por la escalera que llevaba al techo, y cuando llegaron al techo empezaron a arrancar la paja y el barro seco para hacer un agujero por donde bajar la camilla. ¡Toda la gente los estaba mirando!

Los cuatro hombres bajaron cuidadosamente a su amigo hasta el piso de la casa. Jesús sonrió. Él sabía qué necesitaba aquel hombre.

—Levántate, toma tu camilla y vete a tu casa —le dijo Jesús al paralítico.

Los líderes religiosos que estaban allí fruncieron el ceño contrariados. Pero todos se sorprendieron cuando el paralítico se levantó y salió de la casa. Jesús lo había sanado.

La fe del centurión

Había una vez un centurión del ejército romano, que amaba a Dios y había edificado una sinagoga en Capernaum para los judíos mientras vivía allí. Su sirviente se había enfermado, y el centurión tenía miedo de que se muriera.

El centurión había escuchado hablar de Jesús, y estaba seguro de que podía sanar a su sirviente.

—Señor —le dijo el centurión a Jesús—, necesito que me ayudes. Mi sirviente está muy enfermo, y no quiero que se muera.

104

—Iré de inmediato —le respondió Jesús.

—No, Señor —dijo el hombre—. No es necesario que vayas. No merezco que entres a mi casa. Igual que yo les ordeno a los hombres y ellos me obedecen, sé que puedes sanarlo con solo una orden.

Jesús estaba admirado de la fe del centurión.

—Este hombre tiene una gran fe en Dios —les dijo a aquellos que estaban con él.

Miró al hombre y le dijo:

—Regresa a tu casa. Tu sirviente volverá a estar bien pronto.

Cuando el hombre regresó a su casa, su sirviente se había curado.

La tormenta en el lago

Jesús se había quedado dormido en la barca de sus amigos. Había sido un día largo, y estaba muy cansado.

Los discípulos estaban navegando hacia el otro lado del lago de Galilea, cuando el viento empezó a soplar fuerte contra las velas y las aguas se comenzaron a agitar. La barca se sacudía tanto que los pescadores tenían que sostenerse fuertemente para no caer. Se había desatado una fuerte tormenta, y estaban muy asustados. Pero Jesús seguía durmiendo.

—¡Despierta! ¡Señor, sálvanos! —gritaban
los discípulos desesperados.

Jesús se levantó, y les habló al viento y a las
olas. De repente, todo se calmó. Solo quedaron
unas ondas sobre la superficie de las aguas.

Los discípulos miraron a Jesús como
si no lo conocieran. ¿Quién
era ese hombre, amigo de
ellos, que podía calmar una
tormenta?

Jesús sana a una niñita

Una gran multitud comenzaba a seguir a Jesús a todas partes. Cuando Jairo fue a rogarle a Jesús que sanara a su hija de doce años, su única hija, que se estaba muriendo, a Jesús le costó llegar a su casa por la multitud que le apretaba.

Mientras iba de camino, una mujer extendió su mano y tocó su manto; y al instante se sanó de su enfermedad. Pero mientras Jesús se detuvo a hablar con ella, llegaron personas de la casa de Jairo con malas noticias.

—No moleste al Maestro —le dijeron—. Ya es demasiado tarde. Su hija ha muerto.

Pero Jesús se apresuró y le dijo:

—Yo puedo sanar a tu hijita. Confía en mí.

Jesús pidió que se quedaran con él solamente Jairo y su esposa y sus tres discípulos más cercanos. Se arrodilló junto a la niña, que estaba inmóvil, y tomó su mano.

—Levántate, niña —le dijo suavemente.

La hija de Jairo abrió sus ojos y se levantó. Jesús la había sanado.

109

Panes y peces

Un día, la multitud superaba las 5000 personas. La multitud había estado escuchando largas horas a Jesús hablar de Dios, y ya se hacía de noche. Las personas estaban lejos de su casa, y Jesús sabía que debían tener hambre.

—¿De dónde podemos sacar suficientes alimentos para darles algo de comer —les preguntó Jesús a sus amigos.

Había un niño que tenía cinco panes y dos peces pequeños, y estaba dispuesto a compartir lo que tenía. Jesús le sonrió al niño cuando le dio sus alimentos.

Los discípulos también sonrieron. ¡Cómo podían alimentar a tantas personas con tan poco! Pero Jesús dio gracias a Dios por los alimentos, y los partió en pedazos. Los discípulos comenzaron a repartirlo entre la gente. Al poco tiempo, todos habían comido hasta saciarse, y los discípulos recogieron doce canastas de lo que sobró. ¡Fue un milagro!

Jesús cuenta historias

Jesús hablaba mucho de Dios. Pero no hablaba de Él como lo hacían los líderes religiosos; era como si Jesús realmente lo conociera. Todos lo escuchaban con atención, porque les gustaba la manera en que Jesús les contaba las historias para ayudarles a entender lo que estaba diciendo.

Las historias eran parábolas, donde se usaban ejemplos de cosas que todos conocían, pero que contenían un mensaje sobre otra cosa.

Muchas de las historias que Jesús contaba eran sobre ovejas; había muchas ovejas por todas partes, y todos las conocían.

"Si uno de ustedes tuviera cien ovejas —dijo Jesús— y se da cuenta de que una se perdió ¿qué haría? Dejaría las noventa y nueve ovejas en un lugar seguro, e iría a buscar la que se le perdió. Y cuando la encuentra, la lleva a su casa y llama a todos sus amigos para celebrarlo. Dios también es así. Él se interesa por todos, especialmente por aquellos que están perdidos y solos".

"Una vez, había un hombre que tenía dos hijos —dijo Jesús—. El padre se puso triste cuando el hijo menor le pidió su parte de la herencia, porque quería irse para hacer lo que le diera la gana. Pero cuando el dinero se le terminó y sus amigos lo dejaron solo, volvió a su casa, hambriento y sucio. Él esperaba que su padre tuviera lástima de él, y le diera un trabajo. El padre lo estaba esperando y, cuando lo vio llegar, lo abrazó y preparó una fiesta para su hijo perdido".

"Todos cometen errores —dijo Jesús—. Pero Dios espera que tú reconozcas cuando haces algo que está mal, y te da la bienvenida cuando te arrepientes".

Una de las historias era sobre un buen samaritano. Lo extraño era que, normalmente, no había buenos samaritanos, porque hacía mucho tiempo que los judíos y los habitantes de Samaria no eran amigos. Pero la historia explicaba qué significa amar a los demás.

"Un hombre estaba viajando desde Jerusalén a Jericó cuando lo atacaron —dijo Jesús—. Un sacerdote y una persona, que servía en el templo, pasaron por allí, y vieron que estaba herido y necesitaba ayuda. Pero ninguno de ellos se detuvo, sino que siguieron caminando como si fueran demasiado importantes para ensuciarse las manos. Después pasó un hombre de Samaria y, al ver al hombre herido, se detuvo. Vendó sus heridas. Después lo subió a su burro y lo llevó a una posada. Allí, le pidió al encargado de la posada que lo cuidara hasta que él regresara, y le dio dinero de su propio bolsillo".

"¿Cuál de los tres hombres demostró tener amor por los demás? Está muy claro. Fue el hombre de Samaria. Eso es lo que Dios quiere que hagas" —dijo Jesús.

"La vida vale más que cualquier cosa que el dinero pueda comprar —dijo Jesús—. Escuchen la historia del granjero rico. Era tanto lo que había cosechado, que mandó destruir sus graneros viejos y construir graneros mucho más grandes para poder guardar mejor toda su cosecha. Él pensó que había llegado el momento de descansar y disfrutar de todo su dinero y todas sus posesiones. Pero aquella misma noche murió sin poder llevarse todo lo que había ganado, sino que quedó para que otras personas lo disfrutaran. Así que, comparte lo que tienes, y estarás acumulando tesoros en el cielo, donde nada se arruina o se echa a perder, y donde los ladrones no pueden robar nada".

Jesús sana a las personas

Jesús pasaba mucho tiempo con sus doce amigos especiales. También escuchaba a cualquiera que le pidiera ayuda. Bendecía a las madres y a sus hijos, y no rechazaba a nadie. Buscaba tiempo para atender a las personas que estaban enfermas o se sentían solas o tristes.

Un día, mientras se acercaba a un pueblo, vio que sus amigos se quedaron atrás y se cubrieron el rostro. Había diez hombres agolpados, harapientos, con sus cuerpos cubiertos para esconder las llagas de sus manos, sus pies y su rostro. Estaban esperando a Jesús.

—Ayúdanos —gritaban con sus rostros cubiertos con vendas—. Por favor, sánanos de esta enfermedad en la piel.

Jesús sabía que no podían vivir con sus familias y sus amigos. Eran leprosos, y por eso tenían que vivir lejos del pueblo para no contagiar a otros.

—Vayan a sus casas —les dijo Jesús—. Los he sanado. Ya están bien.

Los hombres se sacaron las vendas, y se reían mientras se tocaban el rostro y se daban cuenta de que estaban sanos otra vez. Salieron corriendo a sus casas, pero uno de ellos regresó a ver a Jesús:

—Gracias, Señor —le dijo—. Me has devuelto la vida.

—Tú has confiado en mí y ahora estás sano. Vuelve a tu casa —le dijo Jesús sonriendo.

117

Cuando Jesús estaba cerca de Jerusalén, se quedaba en el pueblo de Betania, en la casa de un hombre que tenía dos hermanas. Lázaro era uno de sus mejores amigos, y Marta y María siempre recibían bien a Jesús. Marta cocinaba para él, y María se sentaba para escuchar todo lo que Jesús decía.

Un día, alguien fue a decirle a Jesús que Lázaro estaba muy enfermo. Jesús estaba lejos de Betania, y no podía dejar a las personas con las que estaba. Cuando llegó, Lázaro no solo había muerto, sino que hacía cuatro días que lo habían enterrado.

Muchas personas habían ido a consolar a las dos hermanas. Cuando Marta se enteró de que Jesús también había llegado, salió a recibirlo.

—Si solo hubieras estado aquí, estoy segura de que Lázaro aún estaría con nosotros —dijo ella—. María no puede dejar de llorar.

—¿Confías en mí, Marta? ¿Crees que tengo poder sobre la vida y la muerte?

—Sí, Señor. Creo que tú eres el Hijo de Dios —respondió ella.

Marta mandó llamar a María. Y todos los que estaban con ella la siguieron, y todos fueron hasta la tumba donde habían sepultado a Lázaro. Cuando Jesús vio las lágrimas de María, lloró junto a ella por su amigo.

Después, Jesús les pidió que corrieran la piedra que tapaba la entrada. Jesús oró, y llamó a Lázaro para que saliera fuera. Y Lázaro salió, todavía envuelto en las vendas de lino con las que lo habían sepultado, ¡pero ya no estaba muerto!

Las personas que no conocían antes a Jesús, ese día creyeron en él. Pero algunos fueron a contarles a los líderes religiosos lo que Jesús había hecho. Y a ellos no les gustó para nada.

Jesús iba llegando a la ciudad de Jericó, donde muchas personas habían escuchado hablar de Él. Los habitantes del lugar esperaban escuchar historias del amor de Dios por ellos. Y también esperaban que Jesús los sanara de sus enfermedades.

Cuando Jesús llegó, Bartimeo estaba sentado junto al camino de entrada a la ciudad. Él se sentaba allí todos los días esperando que alguien le diera una moneda.

—¿Qué es todo ese ruido? — preguntó él—. ¿Quién está allí?

Nadie tenía tiempo para responderle. Nadie lo escuchaba. Pero Bartimeo escuchó que la multitud pronunciaba el nombre de Jesús. Bartimeo no podía ver, pero escuchaba muy bien.

Él había escuchado hablar mucho de Jesús. Tal vez, Jesús lo podría sanar de su ceguera.

—¡Jesús! —gritó—. ¡Jesús, sáname! ¡Estoy aquí!

—¡Cállate! —le gritaba la gente.

—¡Jesús está ocupado!

Pero Bartimeo sabía que posiblemente no tendría otra oportunidad de ver a Jesús.

—¡Jesús! —gritó otra vez—. ¡Por favor, sáname!

Jesús escuchó claramente la voz de ese hombre. Entonces se detuvo y lo miró.

—¿Qué quieres que haga por tí? —le preguntó Jesús a Bartimeo.

—¡Quiero volver a ver! —dijo el ciego.

—Bartimeo —le dijo Jesús con una sonrisa— abre tus ojos. Estás sano, porque confiaste en mí.

Bartimeo tiró al suelo el plato de limosnas y el bastón. Y se unió a la multitud que seguía a Jesús.

Zaqueo también quería ver a Jesús. Zaqueo no era ciego, podía escuchar bien y caminar, vivía en una linda casa y tenía mucho dinero. Pero aún así quería ver a Jesús.

Zaqueo no tenía amigos. Su trabajo era cobrar impuestos para el gobierno romano; y la gente sabía que muchas veces les estafaba y se quedaba con dinero para él. ¡Con razón no tenía amigos!

Nadie le dejaba pasar a Zaqueo, el rico cobrador de impuestos. Zaqueo era un hombre muy bajito, y no podía ver si tenía gente

delante de él. Pero tuvo una idea. Se encaramó por las ramas de una higuera que estaba cerca. Zaqueo pensó que, tal vez de esa manera, podría ver a Jesús cuando pasara.

Pero cuando Jesús se acercó, Zaqueo se sorprendió al ver que Jesús le miraba a la cara.

—Hola, Zaqueo —le dijo Jesús—. Pensé que podrías invitarme a tu casa esta noche.

Zaqueo se bajó rápidamente del árbol para recibir a Jesús en su casa. Pero cuando la gente vio lo que había pasado, empezó a murmurar y criticar a Jesús. ¿Cómo se le ocurre a Jesús ir a la casa de un cobrador de impuestos que nos roba?

Pero cuando Zaqueo conoció a Jesús, su vida cambió.

—Voy a dar la mitad de mi dinero a los pobres —les dijo a todos—. Si les he robado, les devolveré cuatro veces esa cantidad.

—He venido por personas como Zaqueo —dijo Jesús—. He venido a ayudar a los que me necesitan.

Jesús, el Rey

Todos se estaban preparando para la fiesta de la Pascua. Jerusalén estaba repleta de personas que habían ido para celebrar la fiesta. Hombres y mujeres, ancianos y jóvenes, todos llenaban las calles de la ciudad.

De repente, todos miraron hacia la entrada y comenzaron a gritar. Algunos batían en lo alto ramas de palmeras. Otros extendían sus mantos en el camino.

¿Quién estaba llegando? ¿Qué decía la gente?

—¡Bendito sea Jesús!

—¡Aquí llega Jesús, nuestro Rey!

¡Viva! ¡Es Jesús!

Abrieron paso y entró un hombre montado en un burrito. Muchas de las personas que lo aclamaban sabían quién era Él. Conocían a alguien que Él había sanado. Habían escuchado hablar de las historias que Él contaba de Dios y de su amor. Esperaban que los salvara de los romanos. Y se alegraron de ver que había llegado.

Jesús se acercó al templo para orar. Pero lo que vio lo puso triste, y después se enojó.

Muchas personas estaban vendiendo palomas, pichones y animales para las ofrendas. Jesús vio que los vendedores estaban estafando a los visitantes.

—La casa de Dios es un lugar para orar y escuchar a Dios —dijo Jesús—. Ustedes la han convertido en un lugar de estafa y robo.

Algunos de los sacerdotes y líderes religiosos estaban observando.

—Esto no puede seguir así —dijo uno.

—¿Pero qué podemos hacer? Las multitudes lo aman —respondió otro.

—Pues, debemos tener cuidado. Debemos encontrar a alguien que lo traicione y nos diga dónde podemos encontrarlo, cuando no haya multitudes presentes…

Era la noche del jueves. Judas se había reunido con los líderes religiosos, y había aceptado su ofrecimiento de treinta monedas de plata. Ahora, sólo tenía que decirles dónde estaría Jesús más tarde aquella noche.

Cuando Judas llegó a aquella sala en el piso de arriba, donde estaban comiendo juntos Jesús y sus amigos, Jesús estaba lavando los pies a cada uno de los discípulos.

—Quiero que sigan mi ejemplo —dijo Jesús—. Ámense unos a otros, como yo los amo. Demuéstrenles a todos que se aman, y todos sabrán que ustedes son mis discípulos.

Cuando se sentaron a comer, Jesús les volvió a hablar.

—Todos ustedes han sido buenos amigos míos. Pero uno de ustedes está a punto de traicionarme.

—¿Quién es Señor? —le preguntaron.

—¡Yo nunca te traicionaría! —dijo Pedro—. ¡Haría cualquier cosa por ti!

126

—Pedro, antes que el gallo cante tres veces por la mañana temprano, habrás dicho tres veces que no me conoces —dijo Jesús con tristeza.

Mientras estaban hablando, Judas se fue en silencio.

Jesús partió el pan y lo repartió entre sus amigos.

—Coman esto —les dijo—. Este es mi cuerpo, que es entregado a favor de ustedes.

Después tomó una copa de vino y dijo:

—Beban esto. Esta es mi sangre derramada a favor de ustedes.

Los discípulos no entendieron que aquella sería la última vez que Jesús comería con ellos antes de su muerte.

Después de la cena, Jesús fue con sus amigos a un huerto de olivos, llamado Getsemaní.

—Quédense aquí, mientras yo voy allí a orar —les dijo Jesús a Pedro, Jacobo y Juan.

—Padre mío —oró Jesús—. Sé que dentro de poco debo morir. Si hay otra manera de salvar a las personas que amas, líbrame de este sufrimiento. Pero que no sea lo que yo quiero, sino lo que tú quieras.

Cuando Jesús volvió a donde estaban sus amigos, vio que estaban durmiendo. Entonces, los despertó y les dijo que se mantuvieran despiertos mientras Él iba a orar otra vez; pero se volvieron a quedar dormidos porque estaban muy cansados.

Después, Jesús vio luces entre los árboles y el sonido de muchos hombres que se acercaban.

—Llegó la hora —les dijo a sus amigos—. Vienen a buscarme.

Judas iba delante de los hombres que estaban armados con espadas y palos para arrestar a Jesús. Judas le dio un beso en la mejilla, como señal de que era a quien debían arrestar. Después, los hombres rodearon a Jesús y se lo llevaron preso.

¡Los discípulos estaban muy asustados! Entonces, huyeron y abandonaron a Jesús.

Pedro siguió a Jesús y a los hombres armados, sin acercarse mucho para que no lo reconocieran.

Cuando vio que estaban llevando a Jesús al palacio de Caifás, el jefe de los sacerdotes, Pedro se quedó afuera, en el patio del palacio.

Los líderes religiosos estaban juzgando a Jesús.

De pronto, una sirvienta se acercó a Pedro mientras se calentaba las manos en una fogata.

—¿No eres uno de los amigos de Jesús?

—No, debes estar confundida —le contestó Pedro rápidamente.

—¿Seguro que no estabas con él? —dijo otra.

—No, de veras —respondió Pedro.

—Sí, tú hablas como los de Galilea… —le dijeron por tercera vez.

—¡No, ni siquiera conozco a ese hombre!

La luz de un nuevo día comenzaba a aparecer en el cielo, y en ese instante cantó un gallo. Pedro se puso a llorar al recordar lo que Jesús le había dicho la noche anterior.

Jesús es crucificado

Los jefes de los sacerdotes habían hecho preguntas a Jesús casi toda la noche. Ellos querían que Jesús fuera condenado a muerte, pero solo Poncio Pilato, el gobernador romano, podía hacerlo.

Pilato miró a Jesús, que estaba de pie delante de él. No tenía apariencia de ser una persona peligrosa. Pero había hecho algo que había llevado a los líderes religiosos a pedir su muerte.

Pilato decidió preguntarle a la multitud, que estaba afuera, qué querían. Él no sabía que los líderes religiosos ya habían convencido a todos que dieran la respuesta que ellos querían.

—La Pascua se acerca —dijo a la multitud—. Puedo poner en libertad a uno de los presos que ustedes elijan. ¿Quieren que deje libre a Barrabás, el asesino, o a este hombre, Jesús de Nazaret?

—¡Barrabás! —gritaron— ¡Deja libre a Barrabás!

—¿Qué hacemos, pues, con Jesús?

—¡Crucifícalo! —respondieron—. ¡Crucifícalo!

Pilato pidió que le trajeran una vasija con agua, y se lavó las manos en frente de la multitud.

—Yo no soy responsable de la muerte de este hombre —dijo él—. Llévense a este hombre.

Los soldados le pusieron a Jesús un manto de color rojo sobre la espalda y una vara en la mano derecha. Se burlaron de él, lo golpearon y le pusieron una corona de espinas en la cabeza. Lo hicieron caminar por la calle y llevar su propia cruz hasta el lugar de la crucifixión.

Crucificaron a Jesús en medio de dos ladrones. Algunos de sus amigos observaban todo y lloraban. Su amigo Juan, consolaba a su madre. Cuando llegó la tarde, Jesús exaló su último suspiró y murió.

Jesús murió un día antes del sábado, el día de reposo de los judíos. Sus amigos no querían que su cuerpo colgara de la cruz el día de reposo, así que fueron a pedirle permiso a Pilato para bajarlo.

Un soldado clavó una lanza en el costado de Jesús para asegurarse de que estuviera muerto, y después José, que era de Arimatea, y Nicodemo, ambos amigos secretos de Jesús, bajaron su cuerpo de la cruz. Lo llevaron a una tumba nueva hecha en una gran roca, envolvieron su cuerpo con una sábana limpia y lo colocaron en una repisa. Después, taparon la entrada de la tumba con una piedra muy grande.

María Magdalena y algunas de las mujeres los siguieron para ver dónde los dos hombres habían sepultado el cuerpo de Jesús. Se quedaron llorando y observando la tumba, y regresaron a su casa antes que oscureciera.

Ninguna de ellas podía entender lo que había pasado ese día. Una semana antes, Jesús había entrado en Jerusalén sobre un burro, y la gente lo había aclamado como rey. Ahora había muerto en una cruz como un criminal, y su cuerpo descansaba frío en una tumba hecha en una roca.

La historia de la Pascua

Todos descansaron el sábado; por lo tanto, el domingo a la mañana, María Magdalena fue con dos de sus amigas a visitar el lugar donde habían visto a Jesús sepultado. Pero cuando llegaron a la tumba, vieron que la gran piedra ya no tapaba la entrada, ¡y la tumba estaba vacía!

María corrió para contárselo a Pedro y a Juan. Ellos corrieron hasta la tumba para verlo por ellos mismos y después dejaron a María sola en el huerto. Ella no podía entender lo que había pasado.

María estaba llorando cuando escuchó que alguien dijo su nombre. Ella se giró rápidamente. ¡Ella conocía esa voz!

—¡Maestro! —dijo ella—. Jesús estaba allí; y no estaba muerto, ¡estaba bien vivo!

Ese mismo día, algunos de los discípulos estaban reunidos en una casa con las puertas bien cerradas. De repente, ¡Jesús apareció en medio de ellos!

—¡Estás vivo! —gritaron.

Más tarde ese día, Cleofas y un amigo estaban caminando hacia Emaús, y hablaban de las cosas terribles que le habían pasado a Jesús esa semana. Alguien se les unió en el camino, y lo invitaron a comer con ellos. ¡Era Jesús!

Tomás no había estado con los otros discípulos cuando Jesús se les había aparecido. Él no podía creer que Jesús estuviera vivo.

—Tengo que verlo con mis propios ojos —dijo.

Ocho días más tarde, Jesús se volvió a aparecer.

—Mira las marcas de los clavos, Tomás —le dijo Jesús. Tomás se arrodilló. ¡Realmente era Jesús!

Ahora todos los discípulos, y muchas de las personas que habían conocido a Jesús sabían que Dios le había vuelto a dar vida.

137

"Vamos a pescar" —les dijo Pedro a sus amigos una noche. Pero aquella noche no pescaron nada.

Ya casi amanecía cuando un hombre los llamó desde la orilla.

—¡Echen la red a la derecha de la barca! —les dijo.

¡Pedro echó la red como le dijo, y la red se llenó de peces! Pedro se zambulló en el agua y nadó hacia la orilla. Él sabía quién era ese hombre. ¡Solo podía ser Jesús!

En la orilla les esperaban una fogata y aroma a pan fresco.

—Traigan algunos de esos pescados —dijo Jesús—. Vamos a desayunar.

Los discípulos trajeron la pesada red llena de pescados. ¡Contaron 153 pescados!

Pedro seguía triste. Le costaba olvidarse de que había prometido seguir a Jesús a todos lados, y que después había fingido ni siquiera conocerlo.

—Pedro, ¿me amas? —le preguntó Jesús tres veces como las tres veces que Pedro le había negado.

—¡Sí, Señor! ¡Tú sabes que te amo!

—Entonces tengo una tarea especial para ti —le dijo Jesús—. Quiero que cuides de mis seguidores.

Unas semanas más tarde, Jesús volvió al cielo con Dios. Antes de dejar a sus amigos, les dijo que un día volvería otra vez.

—Por ahora, deben esperar —dijo Jesús—. El Espíritu Santo vendrá a ayudarlos. Será como si yo estuviera con ustedes todo el tiempo.

139

Los primeros cristianos

Habían llegado personas de todo el mundo a Jerusalén para celebrar la fiesta de Pentecostés. Fue allí que el Espíritu Santo vino sobre los discípulos, y les dio poder para hacer las cosas buenas que Jesús les había mandado.

El Espíritu Santo ayudó a los discípulos para que hablaran de Jesús a la multitud que se había reunido allí.

—Ustedes mataron a Jesús, clavándolo en la cruz, ¡pero Dios le volvió a dar vida! Si ustedes creen hoy que Jesús es el Hijo de Dios, Él los perdonará —dijo Pedro.

Ese día se convirtieron casi 3000 personas.

Después, Pedro y Juan encontraron a un hombre que pedía limosna en la puerta del templo. Él pedía dinero, porque no podía caminar.

—No tengo dinero para darte —le dijo Pedro—, pero en el nombre de Jesús, puedo sanarte.

Entonces, el hombre se levantó y caminó. Le dio gracias a Dios por haberlo sanado, y estaba tan feliz, que les contaba a todos lo que había pasado.

Así como Jesús había tenido enemigos, no todos estaban tan contentos cuando esos primeros cristianos sanaban a las personas en el nombre de Jesús. Sino que los líderes religiosos los llevaban a la cárcel. Esteban, uno de los nuevos seguidores, fue asesinado por hablarle de Jesús a la gente.

Pero cada día había más cristianos. Pablo, uno de los hombres que antes perseguía a los cristianos y los llevaba a la cárcel, también conoció a Jesús y se transformó en un hombre nuevo. Los cristianos viajaban a todas partes para hablarle de Dios a la gente. Grupos de personas levantaban iglesias en diferentes partes del mundo para poder adorar a Dios y ayudarse unos a otros.

Lo que Jesús dijo se cumplió. Él prometió estar con ellos y ayudarlos. Y Jesús sigue ayudando a los cristianos hoy.